Alt Placht

Das Kirchlein im Grünen

Historische und

Archäologische Notizen

1931
Das Kirchlein im Grünen

Eva Becker

Alt Placht

Das Kirchlein im Grünen

Historische und

Archäologische Notizen

Bibliographische Information der Deutschen Nationalbibliothek: Die Deutsche Nationalbibliothek verzeichnet diese Publikation in der Deutschen Nationalbibliografie; detaillierte bibliographische Daten sind im Internet über http://dnb.dnb.de abrufbar.

Kirchenfoto auf der zweiten Buchseite
Alfred Kortes Juli 1930, in: Templiner Kreiskalender 1931. Hier wird auch zum ersten Mal die Kirche von Alt Placht als „Kirchlein im Grünen" bezeichnet

Herstellung und Verlag: BoD - Books on Demand, Norderstedt

ISBN: 978-3-7494-5599-7

Inhaltsverzeichnis

Alt Placht - Das Kirchlein im Grünen

Die Lage von Alt Placht

Auf halber Strecke der Verbindungsstraße Templin - Lychen liegt in nördlicher Richtung im Wald der kleine verschlafene Ort Alt Placht, der bis 1773 den Namen Placht trug. Nimmt man den Weg über Gandenitz nach Alt Placht, so erkennt man als erstes eine Reihe von Kossätenhäusern[1] entlang der Dorfstraße.

Gegenüber den Kossätenhäusern befand sich bis vor einiger Zeit noch das Gutshaus des Ortes, das aber einem Neubau für die Forstwirtschaft weichen musste. Geblieben sind ein Scheunengebäude und das Forsthaus selbst.

Östlich des Dorfes, an der Einmündung des Weges nach Densow, umgeben von einem Friedhof und einem Baumbestand, dessen Linden ein stattliches Alter von 250 bis 300 Jahren aufweisen, steht das Kirchlein im Grünen.

Dieses Kleinod der Uckermark, das laut Kirchenbuch 1717 in Betrieb genommen wurde, würde heute nicht mehr existieren, hätte sich 1990 nicht kurz nach der Wende ein „gesamtdeutscher" Förderverein zur Rettung und Erhaltung der Kirche in Alt Placht konstituiert. Mit viel ehrenamtlicher Unterstützung, Geldern der Deutschen Stiftung Denkmalschutz und der Deutschen Bundesstiftung Umwelt und engagierten Handwerkern konnte 1994 das Kirchlein in neuem Glanz erstrahlen.

Nicht immer lag das Dorf Alt Placht jenseits der Straße von Templin nach Lychen. In früheren Zeiten verlief durch den Ort die alte Heerstraße nach Mecklenburg.

Zur Geschichte von Alt Placht

Die bekannten historischen Nachrichten über Alt Placht, beschränken sich auf wenige kurze Hinweise. Ehrenamtliche Bodendenkmalpfleger und Historiker aus dem ehemaligen Kreis Templin, die sich mit der Geschichte ihrer Heimat beschäftigt haben, trugen dazu bei, dass nicht alles Wissen um das Kirchlein verloren ging.

Hans Schübler[2], der bereits vor dem 2. Weltkrieg die Bodendenkmäler des Kreises Templin aufgenommen hat, schreibt über Alt Placht:

Etwa auf halbem Wege zwischen Templin und Lychen liegt an der nachweisbar ältesten Landstraße des Kreises Templin inmitten der staatlichen Forst Alt-Placht eine größere Feld- und Wiesenfläche, ... Bei mehrmaligem Flurbegang im Frühjahr 1945 konnte ich auf den Feldern beiderseits der alten Landstraße an Hand von Scherben, Herdsteinen und Hauslehmfunden, sowie an den stellenweise branderdehaltigen Boden die Anlage des ehemaligen Bauerndorfes Placht feststellen. Demnach hatte das Dorf eine noch nachweisbare Länge von 475 m und war der Form nach ein Angerdorf, dessen Kirche auf dem Anger stand und noch heute dort seht. ... Den Scherbenfunden nach zu urteilen, hat das Dorf im späten 15. Jahrhundert sein Ende gefunden. Sein Anfang dagegen reicht bis ins 11., vielleicht noch bis ins 10. Jahrhundert zurück, wie auch wiederum Scherbenfunde von vier getrennten Fundplätzen innerhalb der Dorfanlage beweisen. Verein-

zelte jungsteinzeitliche Funde deuten auch auf eine vorübergehende Besiedlung dieses Platzes in jener fernen Zeit.

Ernst Carstedt[3] schreibt in den Beträgen zur Geschichte der Stadt Lychen, dass:

Der Name des Dorfes Placht 1307 (Riedel 13,17) lediglich erwähnt wird, ohne dass weitere Angaben gemacht werden. Das Landbuch erwähnt ihn ohne jeden Vermerk. Der Ort war also wüst. 1536 befindet sich das ganze Dorf und die Dorfstätte, genannt `Plachte`, zwischen Templin und Lychen im Besitz der Stadt Templin.

Und im *Historischen Ortslexikon für Brandenburg*[4] findet sich der Hinweis, dass:

1687 die K(irche) ganz wüst ist, auch keine Rudera mehr zu erkennen, das Kirchenland ist ganz bewachsen; sonst ist auch alles wüst, auch die Schmiede- und Hirtengrundstücke sind wüst; die nach dem Kriege wieder angesiedelten zwei Kossäten sind wegen des schlechten Ackers wieder abgezogen.

Der Dreißigjährige Krieg (1618 - 1648), der in ganz Deutschland und insbesondere im Norden stark gewütet hatte und ganze Landstriche ausradierte, hatte also auch vor Alt Placht nicht halt gemacht.

Alt Placht, das vor diesem Krieg als wüste Feldmark zu Templin und seit 1608 als Vorwerk zum Lehnsbesitz der Familie Seeger gehörte, war wüst gefallen, wie so viele andere Orte und Dörfer in der Uckermark auch.

Für die Zeit nach dem Dreißigjährigen Krieg lassen sich folgende Hinweise über den Ort Alt Placht finden:

Der Rat zu Templin veräußerte 1674 das völlig verödete Lehngut Placht auf Wiederkauf, um erst einmal den dem öffentlichen Nutzen dienenden Stadtwerke, die Mühlen, Kalk- und Ziegelöfen, wieder in Gang zu bringen.[5]

1694 genehmigte der Kurfürst dem Rat zu Templin noch einmal die Verlängerung des Wiederkaufskontraktes über das wüste Dorf und Gut Placht, verlangte aber gleichzeitig, dass die Stadt die beiden verpfändeten rathäuslichen Vorwerke Knehden und Gandenitz wiedereinlöse.[6]

1742 lieh sich der Templiner Kaufmann Gerwig von Johann Peter Tibaut in Prenzlau 3000 rt (und später noch weitere Summen) zur Verbesserung seines Gutes Placht; dessen Wert stieg dadurch von 7250 rt im Jahre 1715 auf 21000 rt im Jahr 1761.[7]

Einen wichtigen Hinweis im Hinblick auf die Kirche in Alt Placht liefert das Kirchenbuch, welches mit folgenden Zeilen beginnt:

Neu=Angefangenes Kirch=Buch als Otto Friedrich Boecler Anno 1717 den 8ten Martü, von Hanß Gerwig Patrono Erb und Lehns=Herrn zum Pastore der Gemeinde Placht vociret ward, hat er hierin geschrieben die Nahmen der Gebohrnen Vertraueten und Gestorbenen wie folgt.

Das Kirchenbuch bestätigt, dass der Kaufmann Hanß Gerwig Lehnsherr des Gutes Placht war und in dieser Funktion Otto Friedrich Boecler zum Pfarrer berief. Dieses Kirchenbuch wurde von wechselnden Pfarrern kontinuierlich fortgeführt.

Das nun *Neu=Angefangene Kirch=Buch* bezieht sich auf die nach der Wüstfallungen und 69 Jahre nach Abschluss des Westfälischen Friedens im Jahre 1717 neu errichtete Kirche in Alt Placht.

Während der Restaurierungsarbeiten an der Kirche wurde auf dem Sturzbalken des Türrahmens des Nordanbaus die Gravur *Anno 1717*[8] gefunden. Im Jahr 1715 hatte Hans Gerwig das Gut Placht übernommen und bereits zwei Jahre später konnte die Fachwerkkirche eingeweiht werden.

Errichtet wurde die Kirche von Alt Placht ohne Turm und ohne Patronatsgruft. Beide sind späteren Datums, ohne dass sich ein Hinweis darauf im Kirchenbuch finden lässt. Einzig die Hinweise auf die Gruft als Bestattungsort für die Mitglieder der Patronatsfamilie lassen den Schluss zu, dass Glockenturm und Gruft vor 1727 errichtet sein müssen, denn vorher werden keine Bestattungen in einer Gruft erwähnt.

Aus den Unterlagen der Kirche Berlin-Brandenburg geht hervor, dass die Kirche im Jahre 1932 bereits einmal renoviert wurde.

250 Jahre nach ihrer Errichtung ist die Kirche von Alt Placht so stark beschädigt, dass der Gemeindekirchenrat am 10. August 1972 feststellt, dass die Kirche aufgrund der schweren baulichen Schäden aufgegeben werden muss, da sich jegliche Nutzung der Kirche verbietet. Die

Kirchenglocke wurde am 14. Mai 1976 mit Genehmigung des Gemeindekirchenrats für 1.500 Mark an das St. Elisabethstift in Berlin verkauft. Im Zuge der Restaurierungsarbeiten kam es 1996 zu einem Rücktausch der Glocke.

Beschreibung der Dorfkirche

Die Fachwerkkirche mit ihrem heutigen Reetdach wurde auf einem Feldsteinsockel errichtet und zeigt einen polygonalen (vieleckigen) Abschluss nach Osten. An der Nordwand der Kirche befindet sich ein Vorbau. Im Westen erhebt sich ein hölzerner Glockenturm unter dem die Patronatsgruft angelegt wurde.

Auf dem Friedhof sind noch Gräber erkennbar und um die Kirche herum stehen 250 bis 300 Jahre alte Linden.

Die niedrige Feldsteineinfriedung um Friedhof und Kirche erfolgte im Zuge der Sanierungsmaßnahmen.

Die Ausstattung der Kirche vor der Sanierung

Nordanbau

Fast mittig der Nordseite findet sich ein Anbau, der ebenfalls in Fachwerkbauweise errichtet wurde, durch diesen Anbau betritt man die Kirche. Solche Anbauten sind häufig bei uckermärkischen Dorfkirchen anzutreffen.

Die Gefache waren alle mit Ziegelmauerwerk angefüllt und zeigten einen rötlichen Verputz.

Die Eingangstür stimmte nicht mit der Bestandszeichnung von 1931 überein.

Abb.1   Demontierter Türbeschlag

Darüber hinaus waren alle Beschläge an der Tür entfernt
worden, von denen es in den *Kunstdenkmälern der Provinz
Brandenburg* heißt, dass sie an das Ende des 17. Jahrhunderts datieren.[9]

Die Patronatsgruft

Bei der Patronatsgruft von Alt Placht handelt es sich um ein Gewölbe, welches sich durch ein Zykloplenmauerwerk auszeichnet.

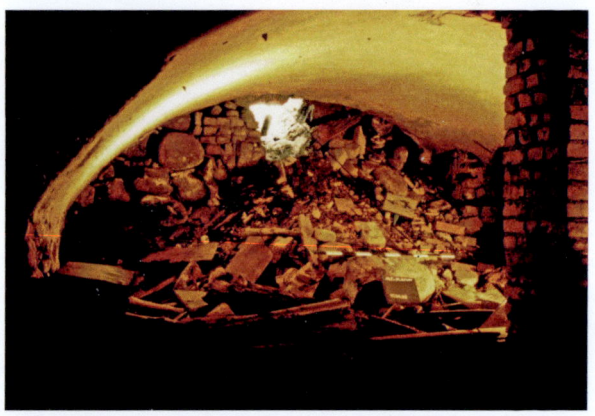

Abb. 2   Gruft vor der archäologischen Untersuchung

Es stellte sich die Frage, ob dieses Gewölbe schon in irgendeiner Art Bestandteil der Vorgängerkirche war und in die um 1717 erbaute Kirche integriert wurde.

Gewölbe können als Vorrats- und/oder Schutzraum für Kriegsgefahren angelegt worden sein. Dafür sprechen die vorhandenen, aber zugemauerten (Luft-) Schächte in der Süd- und Westwand des Gewölbes. Solche Gewölbe sind nicht ungewöhnlich, so befand sich zum Beispiel auf der Burg Grimnitz in Joachimsthal ein solches Gewölbe. Auf der anderen Seite bot ein Gewölbe unter der Kirche einen exponierten Platz für die Bestattungen von Patronatsangehörigen.

Innenausstattung der Kirche

Neben der Kanzel, dem Altar im Osten der Kirche, gab es Bestuhlungsreste und die zerstörten Reste eines Patronatsgestühls, Reste einer Kanzel und im Westen eine Empore, auf der heute eine Orgel steht.

Das Patronatsgestühl befand sich in der Nordostecke der polygonen Ostwand. Reste des Patronatsgestühls wurden auf der Treppe gefunden, die in die Gruft führte.

Abb. 3   Patronatsgestühl und Altar

Der Altar bestand nur noch aus einem gemauerten Unterbau (Stipes), eine Altarplatte (Mensa) war nicht vorhanden.

Auf die an der Südostwand gelegenen Kanzel führte eine Treppe, deren Verblendung mit dem Bibelvers (Römer 1,16): *Ich schäme mich des Evangeliums nicht, denn es ist eine Kraft Gottes, die da selig macht, alle die daran glauben*, beschriftet war. Diese Treppenverblendung befindet sich heute wieder an der Stelle, an der sich die Kanzel vor der Renovierung befand.

Abb. 4   Kanzeltreppe

Über der Kanzel war ein Schalldeckel in Form eines Oktagons (Achteck) angebracht. Die Unterseite des Schalldeckels war in verschiedene Farben, größtenteils in Blau, gefasst. Die Malerei folgte der äußeren Form des Oktagons.

Abb. 5 Schalldeckel der Kanzel

Bei genauem Hinsehen war in der blauen Überfassung ein
siebenzackiger Stern, der wiederum in seiner Mitte ein
Weihekreuz trägt, erkennbar.

In den *Kunstdenkmälern der Provinz Brandenburg* wird
die Kanzel wie folgt beschrieben:

> *Kanzel reich verziert mit Schalldeckel, gedrehten Säu-
> len, Knorpelwerk, Muscheln, Tier= und Engelsköp-
> fen.*[10]

Die Kassetten der Empore waren farblich zweifach über-
malt.

18

Teile der Bestuhlung wiesen unter einer hellen Leimfar-
benschicht eine Fassung in Rot und Blau auf.

Hinter dem Altar, in der polygonalen Ostwand befand sich
eine Wandmalerei, die nicht eindeutig geklärt werden
konnte.

Abb. 6   Wandmalerei

Im Zentrum der Wandmalerei war ein Bibelspruch pla-
ziert:

*Jesus Christus, gestern und heute und derselbe auch in
Ewigkeit (Ebräer 13,8).*

Dieser Spruch war an der rechten und linken Seite umgeben von zwei herzförmigen Vasen, aus denen Palmwedel hervorsprossen. Die Palmwedel endeten im oberen Teil in zwei Blüten, aus denen vermutlich ein Kruckenkreuz[11] spross.

In den oberen Ecken befanden sich ein Alpha und ein Omega und die Spitze der Malerei bildete das Christusmonogramm, bestehend aus den griechischen Buchstaben Chi und Rho[12], welches wiederum aus einem Palmwedel hervorspross. Den unteren Abschluss bildete ein floraler Fries.

Unterhalb dieses floralen Frieses wurden verschiedene astronomische Symbole auf einem geschweiften Band angebracht, so dass die rechte und linke Seite des Bandes durch eine angedeutete Spitze von einander getrennt wurden.

Unterhalb dieser Spitze befand sich wiederum ein Palmwedel, der aus einem Kruckenkreuz hervorspross und in einem einfachen Kreuz endete, so dass der Eindruck erweckt wurde, das florale Element hebe das mit astronomischen Zeichen belegte Band in der Mitte in die Höhe.

Insgesamt waren sieben astronomische Symbole dargestellt. Auf der linken Seite waren es die Symbole für die Sonne, den zunehmenden Mond und Merkur. Auf der Spitze war das Zeichen für Saturn angebracht.

Abb. 7 Detail Wandmalerei

Die Zeichen auf der rechten Seite sind bis dato noch nicht identifiziert. Es handelte sich dabei von links nach rechts gesehen um ein Dreieck mit Spitze nach oben stehend, ein Hexagramm (oder Davidstern)[13] mit einem Punkt in der Mitte und drei Punkten, deren Anordnung ein Dreieck mit Spitze nach oben andeutete.

Die gesamte Malerei war in Blau, Rot und Orange gehalten. Die Schriftzeichen könnten augenscheinlich in Gold ausgeführt worden sein, ebenso das Christusmonogramm.

Aus einem Schreiben des Gemeindekirchenrates an den Provinzialkonservator von Brandenburg, datiert vom 8. März 1932[14], geht hervor, dass die Malerarbeiten im Inneren der Kirche von Alt Placht dem Kirchenmaler Sandfort übergeben wurden und der Gemeindekirchenrat hofft, dass Herr Sandfort die Arbeiten bald ausführen wird.

Ob Robert Sandfort[15] nur die farbliche Fassung für Decke, Wände und Bestuhlung übernommen hat oder auch für die Wandmalerei im Polygon verantwortlich zeichnet, lässt sich dem Schreiben nicht ableiten.[16]

Aus einem Schriftstück des Preußischen Hochbauamtes geht hervor, dass die Innenausmalung durch den Kirchenmaler Sandfort am 29. April 1932 abgeschlossen und abgenommen war. Die Einweihung der Kirche sollte am Himmelfahrtstage, also am 5. Mai 1932, erfolgen. Das Schreiben weist keinen Adressaten aus. Es scheint aber an den Patronatsherrn Franz Brink gerichtet zu sein, da die zugesagten 40 Reichsmark für die inneren Malerarbeiten angemahnt werden.[17]

Das Programm des Bildes war ein einfaches: Christus als Oberhaupt seiner Kirche, ausgedrückt durch das Christusmonogramm Chi und Rho an der Spitze des Bildes. Er war am Anfang der Welt und wird am Ende der Welt sein (Offenbarung 1,8), dargestellt durch Alpha und Omega in der "zweiten Zeile" des Bildes.

Die ikonographische Darstellung dieses Programmes wird durch Hebräer 13,8 noch einmal ganz deutlich ausgeschrieben. Der eschatologische[18] Charakter ist nicht zu übersehen. Inwieweit sich die astronomischen Zeichen in diesen Kontext eingliedern, konnte nicht geklärt werden.

Nach der letzten Sanierung der Kirche in den 1990er Jahren wurde die Wandmalerei nicht mehr angebracht. Auch wird sie in den *Kunstdenkmälern der Provinz Brandenburg* von 1937 nicht erwähnt.

Als bewegliches Inventar werden in den *Kunstdenkmälern der Provinz Brandenburg* zwei Zinnleuchter mit einer Höhe von 38,5 cm und knotiger Balusterschaft und den Buchstaben H.G. und G.G.M sowie der Jahreszahl 1722 genannt.

In den Leuchtern scheint sich ein Feinzinnstempel befunden zu haben, auf dem ein Engel und die Buchstaben H.G, sowie eine Rose mit den gleichen Buchstaben und der Jahreszahl 1690 zu sehen waren.[19]

Diese Leuchter befanden sich zu Beginn der Restaurierungsarbeiten der Kirche nicht mehr unter dem beweglichen Inventar.

Die Initialen „H.G." lassen sich mit dem Patronatsherrn „Hanß Gerwig" in Verbindungen bringen, den das *Neu=Angefangene Kirch=Buch* 1717 als Patronatsherrn ausweist.

Der in den *Kunstdenkmälern der Provinz Brandenburg* abgebildete Kronleuchter befand sich ebenfalls nicht mehr in der Kirche. Vielleicht wurde er 1973, als der Gemeindekirchenrat der Verpachtung der Kirche zustimmte, vom Pächter demontiert.

Auch die Taufschüssel aus Zinn mit einem Durchmesser von 36 cm, die in den *Kunstdenkmälern der Provinz Brandenburg* genannt wird, ließ sich nicht mehr in der Kirche finden.

Archäologie

Schon vor 8.000 Jahren wurde die Uckermark von den so genannten Bandkeramikern besiedelt. Als Bandkeramiker werden die ersten in Norddeutschland sesshaften Siedler bezeichnet, deren Ursprung aller Wahrscheinlichkeit nach im Karpatenbecken zu suchen ist.

Hier im Norden Deutschlands fanden die Menschen fruchtbare Böden, auf denen Ackerbau betrieben werden konnte, Wasser in Form von Söllen[20], Seen und Flüssen, die nicht nur zum Fischen, sondern auch zum Wasserverkehr einluden, und Wälder vor, in denen gejagt und Holz nicht nur für den Hausbau geschlagen werden konnte. Mit einem Wort: Schlaraffenland.

Der Name Uckermark leitet sich von dem slawischen Volk der Ukranen ab, die vom 7. bis zum 12. Jahrhundert die ansässige Bevölkerung dieses Landstriches waren.

Nach vielen Auseinandersetzungen durch deutsche Eroberungen und dem Wendenkreuzzug von 1147 kam das Land der Ukranen alsbald unter die Herrschaft der Herzöge von Pommern, die diesen Besitz im Jahre 1250 an den Markgraf zu Brandenburg abtreten mussten, was blieb, war der Name Uckermark.

In dieser Zeit setzte dann die Errichtung der unzähligen Dorfkirchen in der Uckermark ein, von denen Horst Kasner schrieb, dass

beim Anblick der nicht selten zu groß geratenen Kirchen auch Bedenken aufkommen. Zweifellos wurde hier nicht zur Ehre Gottes und für die Bedürfnisse der

Christen-Gemeinde gebaut. Auch weltliches Macht-
streben war mit im Spiel; wohlhabende Guts-Herren
wollten sich ein Denkmal setzen.[21]

Da die Uckermark „steinreich" ist, wurden fast alle Kirchen im 13. Jahrhundert mit Feldsteinen errichtet.

Viele dieser Kirchen sind wahrhafte Trutzburgen, deren Fensteröffnungen sich mit Schießscharten vergleichen lassen und deren Türme wehrhaft schon kilometerweit gesehen werden. So manches uckermärkische Gotteshaus kann durchaus als eine feste Burg Gottes beschrieben werden.

Die fast zwei Jahrhunderte dauernden Auseinandersetzungen um die Uckermark werden die Menschen sicherlich auch misstrauisch gegenüber dem Frieden gemacht haben, dem vermutlich nicht zu trauen war. Die nun vielleicht zu groß geratenen Feldsteinkirchen boten einen Schutzraum für die Bevölkerung, von ihren Türmen waren Angreifer schon früh erkennbar und aus den Fenstern konnte zur Not auch geschossen werden.

Was für eine Kirche in Alt Placht im 13. oder 14. Jahrhundert gestanden hat, darüber lässt sich nur spekulieren, sicher ist nur, dass es einen Vorgängerbau gegeben hat.

Über diverses Fundmaterial und dessen Lage im Gelände kam Hans Schübler 1945 zu der Erkenntnis, dass sich die Kirche von Alt Placht vor dem Dreißigjährigen Krieg auf dem Dorfanger befunden hat.

Während der Restaurierung des Kirchleins im Grünen waren auch bodendenkmalpflegerische Belange angezeigt, da die Kirche im Fundamentbereich saniert werden musste.

Beräumung der Gruft

Die erste archäologische Maßnahme fand im Jahre 1992 statt und betraf die Gruft unter dem Westturm. Bereits Anfang des 20. Jahrhunderts war ein Stützpfeiler in die Gruft eingebaut worden, vermutlich um die Last des Glockenturmes abzufangen. Dieser Stützpfeiler war nun selbst wieder reparaturbedürftig geworden, so dass die ersten archäologischen Maßnahmen in Alt Placht der Gruft galten.

Gemeinhin liegen Kirchengrüfte im Osten, da Christus zum Jüngsten Gericht aus dem Osten wiederkommen wird. Wieso also eine Beisetzungsstelle im Westen?

Die Gruft und der Westturm korrespondieren anscheinend nicht mit dem Bau der Kirche um das Jahr 1717. An vielen uckermärkischen Kirchen lässt sich beobachten, dass diese ohne Glockenturm gebaut wurden. Glockentürme bedeuten einen höheren baulichen und damit einen höheren finanziellen Aufwand, der sich auch mit einem einfachen Holzgestell zur Befestigung der Glocke, neben der Kirche stehend, kompensieren lässt.

Während der Holzarbeiten an der Kirche machte der ausführende Zimmermann darauf aufmerksam, dass Ansatzpunkte im Dachstuhl, des Rähms[22] und der Schwelle den Schluss zulassen, dass der heutige Westturm nachträglich aufgebaut wurde.

Diese Vermutung wird zum einen dadurch unterstützt, dass erst im Jahre 1721 die Glocke gestiftet wurde und das Kirchenbuch von Alt Placht die Beisetzung der Schwiegermutter des Patrons, Frau Wollenberg, verstorben am 28. Mai 1727, als erste Beisetzung in der Gruft nennt.

Ausgehend von den zwei vorliegenden Daten 1721 und 1727 kann vielleicht davon ausgegangen werden, dass sich die Glocke zunächst in einem Gestell neben der Kirche befand und der Patronatsherr den Bau eines Glockenturmes und vielleicht auch die darunter liegende Gruft vor dem Jahre 1727 veranlasste. Das Kirchenbuch gibt darüber keine Auskunft.

Auskunft gibt hingegen der Eintrag im Kirchenbuch über die erste Bestattung, heißt es doch dort, dass *dieses die erste Leiche so in dem herrschaftlich **neu erbauten** Gewölbe* ist.

Die Gruft diente im 18. und 19. Jahrhundert zehn verschiedenen Patronatsmitgliedern als letzte Ruhestätte. Die letzte Bestattung fand im Jahre 1840 statt.

Eine erste Begehung der Gruft bot ein verheerendes Bild. Die Gruft war stark gestört worden, so dass es möglich war, über ein in das Nordfundament geschlagenes Loch, in die Gruft einzudringen, obwohl ein Zugang durch das Kircheninnere existierte. Keine Frage, hier waren Grabräuber am Werk gewesen.

Im Jahre 1973 hatte das Konsistorium Berlin-Brandenburg einem Antrag des Gemeindekirchenrates zugestimmt, die baufällige Kirche zu verpachten. Der Pächter öffnete die Grundmauern der Kirche, da er offensichtlich nach wertvollen Grabbeigaben suchte.[23]

Keine Beisetzung in der Gruft war mehr intakt. In ihr befand sich kubikmeterweise Bauschutt, der höchstwahrscheinlich bei den Restaurierungsarbeiten 1932 eingebracht worden war.

Abb. 8   Sargfragmente in der Gruft

Kein Holzsarg war in seinem ursprünglichen Zustand er-
halten. Die Teile der Särge lagen verstreut in der Gruft.
Der Boden der Gruft war ursprünglich mit Holzbohlen
ausgelegt gewesen, auf die die Särge gestellt waren.

Abb. 9   Sargfragment

Die archäologische Beräumung der Gruft erbrachte nicht nur einzelne Skelettteile, sondern auch Schmuck- und Kleideraccessoires in Form von Knöpfen und Glasgegenständen, Stoffreste, Schuhe und Stiefel sowie Metallbeschläge der Särge gehörten ebenfalls zum Fundgut.

Die archäologische Auswertung des gefundenen Skelettmaterials deutete darauf hin, dass in der Alt Plachter Gruft zehn Beisetzungen stattgefunden hatten; dies ließ sich über das Kirchenbuch verifizieren.

Bestattungen in der Gruft

Placht, anno 1727

den 28. Max des Morgens um 2 Uhr entschlief in ihrem Erlöser, der Frau Geweigen ihre Frau Mutter, Frau Witwe Meinhardtin geborene Wollenbergen aus Güstrow; nachdem sie ihr Leben gebracht auf 75 Jahr. Es ist dieses die erste Leiche so in dem herrschaftlich neu erbauten Gewölbe unter der Kirche ist bey gesetzet worden.

Anno 1750

den 18ten Februar. Starb Mademoiselle Kunigunda Charlotta Vettern, der Frau Gerwigin ihre Schwester, an der Wassersucht, und hat noch über ein völliges Jahr krank gelegen. Ist in dem herrschaftlichen Gewölbe unter der Kirche beygesetzet worden. Ihres alters ungefehr 40 Jahr.

Anno 1754

den 8ten May starb Frau Dorothea Hedwig Vettern, Herrn Christoph Gerwigs Erb- und Lehns-Herrn hierselbst Frau Eheliebste, nach einer Krankheit von 4 Tagen, an der Colii und Verstopfung, und wurde in dem Gewölbe in der Stille beygesetzet. Ihres Alters pptr. 46 Jahr

Anno 1773

den 19ten April ist vermutlich an den Zähnen, gestorben Johann Ludewig Friedrich Rathmann und wurde mit einer Rede vor dem Altar, im Gewölbe beigesetzet. Seiners Alters 19 Monath

Anno 1777

den 12ten April ist Carl August Rathmann an einer auszehrenden Krankheit verstorben, und ist den 15ten ejus im Gewölbe beygesetzet. Seiners alters 2 Jahr 6 Tage.

den 30ten Novbr, starb an Keuchhusten Caroline Augustine Rathmann und wurde den 2ten Decbr im Gewölbe stille beigesetzt. Ihres alters 1 Jahr 4 Monath 23 Tage

Anno 1778

den 10ten Septr., starb an den Ritteln Friedrich Wilhelm Rathmann und wurde den 12ten ejus in der Stille im Gewölbe beygesezet allhier den 5ten Jul. a.c.

Anno 1782

den 5ten Juny ist in Neu Placht gestorben, an einer Lungen-krankheit Caroline Charlotte Rathmann, des Herrn Christian Friedrich Rathmann Erb und Gerichts herrn darselbst jüngste Tochter, den 7ten Ju Alt Placht im Gewölbe beigesetzt worden. Alt 8 Monat.

1814

N.Placht, starb der Erb= und Guthsbesitzer, Herr Johann Siegismund Gerlich am einundzwanzigsten (21 ten) December Abends 9 3/4 am Schlagfluße und wurde am 24ten DM feierlich in das Gewölbe beygesetzt. (Hoher Fest Gottesdienst Sarg mit seiner Asche)

Anno 1829

Johann Theodor Friedrich Ludwig Sitas, ? oberprediger zu Lychen und Pfarrer zu Placht starb zu Lychen, in einem Alter von neun und fünfzig /59/ jahren drei / 3/ Monaten den elften /11/ Mai früh 8 1/2 Uhr am Schlagfluße, hinterläßt die Ehefrau und zwei minorum Kinder, und wurde 14ten Mai im Kirchengewölbe zu Alt Placht beigesetzt.

Die sterblichen Überreste der in der Gruft zu Alt Placht Beigesetzten befinden sich heute im Fundarchiv des Brandenburgischen Landesamtes für Denkmalpflege und Archäologischem Landesmuseum in Wünsdorf.

Aber nicht nur in der Gruft wurde beigesetzt. Das Kirchenbuch von Alt Placht nennt zwei weitere Bestattungen vor dem Altar in der Kirche.

Anno 1767

den 2ten Martüm des abends gegen 8 Uhr, starb Herr Friedrich Wilhelm Stropp, weyland vieljähriger Ober-Amtmann zu zechlin, auch seit Trinitatis 1761, Erb-Lehn- und Gerichts Herr dieses Guths, da er den tag zuvor nur krank geworden, an einer hefftigen Brust=Krankheit, und wurde den 6ten ej. in der Stille beerdigt, in der Kirche vor dem Altar nach der Cantzel zu; am 8ten ej. aber wurde die Leichen-Procession und Leichen=Predigt gehalten. Seiners Alters 53 jahr 6 Monathe und etliche Tage. (natus 1713 den 28ten August.)

Im gleichen Monat, 24 Tage nach dem Gutsbesitzer, stirbt seine Enkeltochter und wird mit ihrem Großvater zusammen in der Kirche beigesetzt:

den 26ten Mart. starb an den Pocken Justina Sophia, Herrn Christian Ludwig Rathmann, Glashütten-Herrn zu Barsdorf, im Ruppinschen, Töchterlein, und wurde den 29ten ej. in dem Grabe ihres Großvaters des Slg Herrn Ober-Amtmann Stropp, in der Kirche, beerdigt. Ihres Alters 2 jahr und 20 Tage.

Die Fundmaterialien der Gruft

Dem hier zuletzt genannten Eintrag des Kirchenbuches ist zu entnehmen, dass es sich bei dem Vater von Justina Sophia um einen Glashüttenbesitzer handelte.

Glasmanufakturen, die einfaches grünes Glas herstellten, lassen sich unweit von Alt Placht auch heute noch nachweisen.

Die 1764 vom Amtmann Stropp zur Herstellung von grünem Glas angelegte Glashütte befand sich am Rande des Platkow, von Lychen aus gesehen auf der linken Seite der Templiner Landstraße.[24]

Die gläsernen Schmuckstücke allerdings, die in der Gruft gefunden wurden, lassen sich eher mit hochwertigem Glas in Verbindungen bringen denn mit einfachem grünen Gebrauchsglas, welches für Flaschen und Zugebindegläser[25] hergestellt wurde.

Abb. 10 Immergrünblatt aus Glas

Gefunden wurden feine grüne Blätter aus Glas, die in ihrer Größe einem natürlichen Immergrünblatt entsprechen, ein kleines ungefähr 3 cm kleines Hähnchen aus buntem Glas, eine Glasblüte, ein Anhänger oder Ohrring aus Glas, eine Glasbrosche, eine Glasnadel, Glasperlen, Stoffreste, Reste von Schuhen und Stiefeln aus Leder, eine Zinndose, Metallreste, Reste eines Gesangbuches, eine Patronenhülse, das Plättchen einer Harmoniumtastatur.

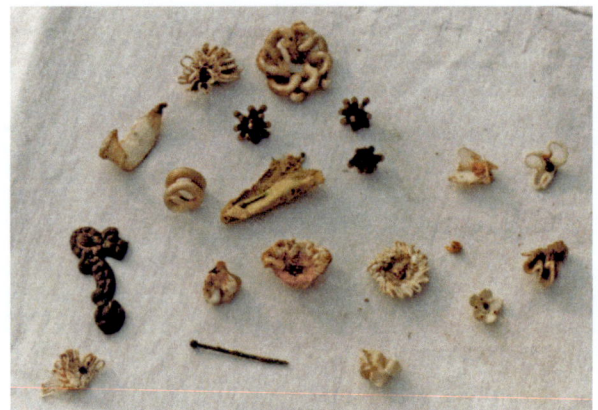

Abb. 11 Schmuckaccessoires

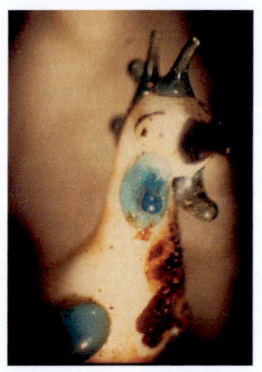

Abb. 12 Glashähnchen

Der hohe Anteil an Glasgegenständen zeigt vermutlich die Verbundenheit der jeweiligen Gutsherrschaft mit diesem Werkstoff.

Neben einer Metallbrosche erregten Knöpfe aus Kupferdraht das Interesse.

Abb. 13 Knopfdetail

Die Knöpfe waren so gewickelt, dass sie zwei ineinander liegende Hexagramme darstellen. Recherchen in verschiedenen Knopfmuseen in Deutschland brachten leider keine Ergebnisse, so dass die Alt Plachter Knöpfe bislang als einzigartig anzusehen sind.

Die hier vorgestellten Preziosen deuten auch auf den Lebensstandard des Landadels hin, der häufig über seine Verhältnisse lebte.[26]

Aufgrund der Zerstörung der Gruft lassen sich die hier genannten Beigaben leider keiner Beisetzung zuordnen.

Die Freilegung des Vorgängerbaus

Ein Jahr nach der Beräumung der Gruft begannen die archäologischen Arbeiten im Zuge der Sanierungsarbeiten am Fundament der Kirche.

Um die Kirche herum wurden zehn Untersuchungsareale angelegt.[27]

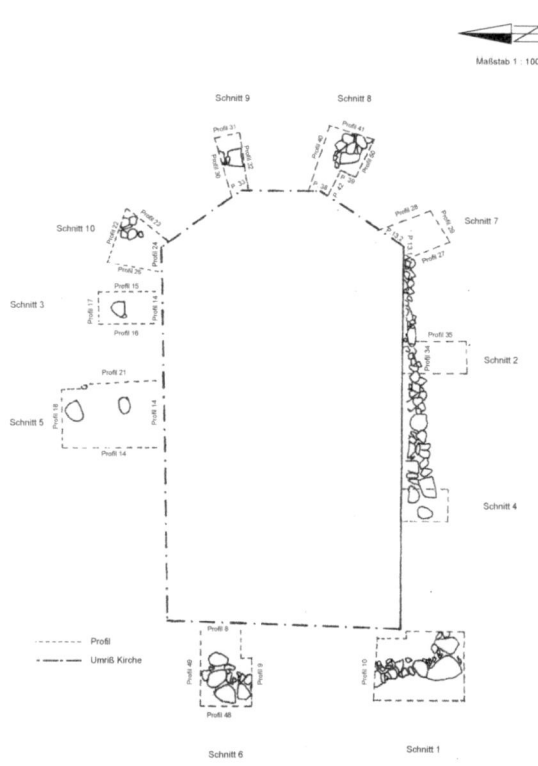

Abb. 14 Archäologische Untersuchungsareale

Bereits im ersten Schnitt, der auf der Südwestecke der Kirche angelegt war, konnte das Fundament des Vorgängerbaus freigelegt werden. Dabei handelte es sich um eine Ecke aus großen Feldsteinen.

Abb. 15 Fundament des Vorgängerbaus - Südwestecke

Von Interesse war auch der im Bereich des Kircheneingangs liegende Schnitt 5. Es war die Frage, ob auch hier der Vorgängerbau bereits einen Anbau hatte, über den die Kirche betreten werden konnte.

Ein Blick auf die uckermärkischen Feldsteinkirchen zeigt, dass viele dieser Kirchen über einen solchen Anbau verfügten, auch wenn er heute nicht mehr vorhanden ist.

Die in Schnitt 5 freigelegte Befundsituation ergab zwei in einem Abstand von 1.40 m in Nord-Süd-Richtung liegende Steine, die durch ein Biberschwanz-Mörtel-Band miteinander verbunden waren, so dass es durchaus im Bereich des Möglichen liegt, dass mit dem Biberschwanz-Mörtel-Band ein Bauelement des Vorgängeranbaus freigelegt wurde.

Abb. 16 Befundsituation im Bereich des Vorbaus

Aufgrund der Tatsache, dass die archäologischen Untersuchungen an der Kirche in Alt Placht baubegleitend durchgeführt wurden, war es nicht möglich, das gesamte Gelände bis in die Tiefe des anstehenden Bodens hin zu untersuchen.

Abschließend ist festzuhalten, dass die heutige Kirche von Alt Placht im 18. Jahrhundert zum Teil auf das Fundament eines Vorgängerbaues gesetzt wurde, der einen größeren Grundriss hatte als die neue Kirche. Die Abweichung des Vorgängerbaues zu einer heutigen exakten Ost-West-Ausrichtung entspricht 7 Grad. Das Feldsteinfundament war in Trockenmörtel gesetzt.

In den freigelegten Schnitten um die Kirche herum ließen sich Ziegel und Feldsteine mit Brandrückständen erkennen. Eine Brandschicht von 4 cm Stärke, Holzkohlereste und ein verkohlter Holzbalken lassen darauf schließen, dass die Vorgängerkirche einem Brand zum Opfer fiel. Außer einigen Scherben, die dem späten Mittelalter und der frühen Neuzeit angehören und handgeschmiedeten Hufnägeln, konnte bis auf eine Münze kein datierbares Material geborgen werden.

Bei der Münze handelt es sich um einen Schüsselpfennig aus der Serie des Kurfürsten von der Rheinpfalz, Linie Velters; Prägeherr war Georg Gustav (1592-1634).

Diese Münze ist der einzige Anhaltspunkt, dass die Kirche im Dreißigjährigen Krieg abbrannte oder zerstört wurde.

Noch einmal zurück zur Gruft

War zunächst angedacht, dass die Gruft ein Bestand des Vorgängerbaues sein könnte, so hat die archäologische Untersuchung dafür keinen Nachweis erbringen können. Im Gegenteil, die frei gelegten Fundamente des Vorgängerbaus haben keinerlei Bezug zu der Gruft im Westen. Im Ostprofil des Schnittes 6, der sich im nördlichen Bereich der Westfassade befand und in Schnitt 2 an der Südfassade der Kirche, konnte die Baugrube für die Gruft erkannt werden. Den Nachweis, dass die Gruft nachträglich erbaut wurde, liefert der Kirchenbucheintrag von 1727 für die erste Bestattung: *in dem herrschaftlich neu erbauten Gewölbe*. Warum 23 Jahre zwischen der ersten und zweiten Bestattung im Gewölbe liegen, kann nicht beantwortet werden.

Kurze Chronologie Alt Placht

Die Quellenlage

Die hier vorgelegte Chronologie zur Kirche von Alt Placht wurde aus verschiedenen publizierten und unpublizierten Quellen zusammengetragen, die in sich auch nicht homogen zu nennen sind:

Enders, Historisches Ortslexikon - Fidicin, Die Territorien der Mark Brandenburg - Philipp, Geschichte der Stadt Templin - Kunstdenkmälern der Provinz Brandenburg, Kreis Templin - Templiner Kreiskalender 1931 und 1941 - - Die Gemeinden und Gutsbzirke des Preussischen Staates und ihre Bevölkerung im Jahre 1871 - Kirchenbuch Alt Placht - Schreiben der Preußische Regierung, Abteilung für Kirchen- und Schulwesen - Diverse Schreiben des Evangelischen Konsistoriums der Mark Brandenburg und Berlin-Brandenburg - *Inge Trott, unveröffentlichte Familienchronik von 1991*

Das Gut Alt Placht hatte seit dem Dreißigjährigen Krieg häufig den Besitzer gewechselt. So mancher Gutsherr wirtschaftete schlecht oder kam aufgrund der schlechten Bodenverhältnisse in Alt Placht an seine finanziellen Grenzen, so dass er wieder verkaufte, den Kindern seinen Besitz überließ, nach Amerika oder Pommern auswanderte.

Die Geschichte der verschiedenen Gutsbesitzer ist nicht Gegenstand der Chronologie, so dass viele biographische Hinweise fehlen. Wo solche Biographien vorlagen, wurden sie in Kurzform in die Chronologie eingearbeitet.

Alt Placht im Laufe der Zeit

1307

Erste urkundliche Erwähnung von Placht im Kontext des Zisterzienserklosters Himmelpfort

14. Jahrhundert

Alt Placht im Lehnsbesitz der Familie Greiffenberg

1447 / 1503

Greiffenbergs übergeben Placht als Unterlehen an die Familie Seeger

1536

Das Dorf und die Dorfstätte „Plachte" geht in den Besitz der Stadt Templin; Familie Seeger behält weiterhin das Unterlehnsrecht; im Besitz der Stadt Templin befindet sich eine Bienenweide und die Jagd

um 1600

Pfarrer Johann Simon (Warthe)

1624

Familie Seeger verkauft ihre Rechte an der Feldmark an die Familie Fuhrmann in Gandenitz.

1638

Pfarrer Isaak Sturm (Warthe)

nach 1648

Die Stadt Templin legt in Placht ein Vorwerk zur Pacht an

1674

Familie Fuhrmann tritt ihre Rechte am Dorf Placht an Elisabeth Tonschläger / Damschläger ab, nachdem der Templiner Bürgermeister Friesicke den rechtmäßigen Erwerb der Familie Fuhrmann an Placht bestritt

1679

Das Vorwerk[28] geht an Elisabeth Tonschläger, die Witwe des Bürgermeisters Joachim Dietrich

1687

Protokoll vom 31.10.1687: Dieses Dorf Placht gehört mit dem Vorwerk seligen Joachim Dietrichs Erben allein zu und soll ein Afterlehn von dem Rat zu Templin sein

Nach dem Dreißigjährigen Krieg gehen die Bewohner von Placht nach Gandenitz zum Abendmahl. Alle 14 Tage predigt der Kantor aus Lychen. Wo, in Ermangelung einer Kirche in Placht, gepredigt wurde, lässt sich nicht mehr feststellen

1694/6

Templin gibt das Lehen des Dorfes Placht auf und verkauft es an die aus der Prignitz stammende Familie von Warnstedt

1710-1747

Pfarrer Otto Friedrich Böcler (Warthe)

1715

Hanß Gerwig als Patronatsherrn auf Placht

Die Stadt Templin behält den Krug in Placht

1721

Stiftung der Glocke

1747-1755

J. D. Böcler (junior) übernimmt von seinem Vater die Predigerstelle

1755-1758

Pfarrer Erdmann Friedrich Tietz (Warthe)

25. Mai 1758

Eine Feuersbrunst zerstört das ganze Dorf bis auf die Kirche. Dabei finden der Schäfer Christan Neue, der Jäger Christian Mahnkopf und die dreijährige Anna Catharina Tugendreich den Tod

1758

Pfarrer J.D. Böcler (junior) übernimmt erneut das Predigeramt in Alt Placht

1772-1781

Pfarrer Gottlieb Benjamin Flist (Warthe)

1771

Oberamtmann Stropp Besitzer von Placht

1773

Placht wird in Alt und Neu Placht geteilt.

Stropp verkauft die kleinere Hälfte Neu Placht an seinen Schwiegersohn Christian Ludwig Rathmann

1777

Die Witwe Stropp übergibt Alt Placht an ihren Schwiegersohn von Hertzberg

1781-1809

Pfarrer Friedrich Ludwig Ziegler (Warthe)

1790

Die Hofrätin Kruse ist Herrin auf Alt Placht

1797

Alt Placht wird an den Amtmann Rohl verkauft

1801

Alt Placht wird an den Amtmann Eick(h)stedt verkauft[29]

1801-1812

Pfarrer Johann Theodor Friedrich Ludwig Sitas (Lychen)

1814-1821

Pfarrer Karl Czilsky (Lychen)

1816/7

Alt Placht wird an den Amtmann Johann Gottlieb Wilhelm Türk(e) (*20.7.1794 †20.7.1874) aus Ravensbrück verkauft.

Johann Wilhelm Türk(e) übernimmt Alt Placht; verheiratet mit Luise Friederike Caroline, geb. Elsner (*8.8.1800 †20.2.1834) aus Rheinsberg. Aus der Ehe gingen vier Kinder hervor.

Nach dem frühen Tod der Mutter übernimmt die Tochter Auguste Friederike (*13.11.1820 †16.1.1889) den Gutshaushalt und heiratet am 11.9.1836 Gustav Gerlich (*26.6.1810 †4.11.1884) den Sohn des Gutsbesitzers von Neu Placht.

Johann Wilhelm Türk(e) wandert nach Amerika aus, kommt 1847 nach Rheinsberg zurück und wird nach seinem Tod auf dem Friedhof von Alt Placht beigesetzt.

1821-1827

Pfarrer Albert August Christoph Reinhardt (Lychen)

1836

Alt Placht wird dem Schwiegersohn Gerlich von Neu Placht übergeben[30]

1840

Das Historische Ortslexikon nennt Gerloff als Besitzer von Alt Placht

1847

Amtmann Eltze im Besitz von Alt Placht[31]

1860

Alt Placht geht in den Besitz des Rittergutsbesitzers Bourzutschki / y über

1867

Im Historischen Ortslexikon wird der Name Berger aufgeführt

Alt Placht hat 155 Einwohner

1871

Alt Placht hat sieben Wohngebäude, 18 Familienhaushalte; 37 männliche und 43 weibliche Einwohner; von den insgesamt 80 Einwohnern sind 28 ortsgebürtig; 19 Kinder sind unter zehn Jahre alt; bis auf einen Einwohner haben alle die preußische Staatsangehörigkeit; alle Bewohner sind evangelischen Glaubens; von den Bewohnern über zehn Jahre (61 Einwohner) können 44 lesen und schreiben, für neun Bewohner gibt es keine Angaben über die Lese- und Schreibfähigkeit und acht Einwohner von Alt Placht sind Analphabeten

bis 1900

Herr Dinglinger, Besitzer von Alt Placht. Nach seinem Tod werden alle Flächen an den Staat verkauft und aufgeforstet.

1930

Renovierung der Kirche: Einziehen von Zwischensparren für die Deckung als Doppeldach; Auszementieren einer durch Blitz beschädigten Linde

1932

Farbige Ausgestaltung im Kircheninneren

1961
Umdeckung mit Biberschwänzen; Erneuerung des Fachwerkes am Vorbau der Kirche; Reparatur der Balkendecke
1973
Es wird eine Verpachtung der Kirche angedacht
14. Mai 1976
Verkauf der Glocke an das St. Elisabethstift in Berlin
1990
Gründung des Fördervereins Kirche Alt Placht e.V.
2. Oktober 1994
Erster Gottesdienst nach Restaurierung der Kirche
1996
Rückkehr der Glocke nach Alt Placht

Anmerkungen

1 Als Kossäten wurden Tagelöhner, Häusler oder Kleinbauern bezeichnet, die in einer Kate wohnten.

2 Schübler 1945.

3 Carstedt 1983.

4 Enders 1986, S.760.

5 Enders 1992, S.367.

6 Enders 1992, S.404.

7 Enders 1992, S.466.

8 In den *Kunstdenkmälern der Provinz Brandenburg* wird die Jahreszahl 1719 angegeben. Aufgrund witterungsbedingter Einflüsse war die Gravur nicht mehr eindeutig erkennbar. Beide Lesarten „1717" und „1719" waren möglich. Sinnvoll erscheint aber das Jahr 1717, da es mit dem Kirchenbuch korrespondiert.

9 Die Kunstdenkmäler der Provinz Brandenburg 1937, S.47.

10 Die Kunstdenkmäler der Provinz Brandenburg 1937, S.47.

11 Krucken- oder Krückenkreuze tragen an ihren vier Enden einen Querbalken. Auf der Wandmalerei sind aber nur drei Querbalken erkennbar.

12 Die griechischen Buchstaben „X" und „P" stehen für die zwei Anfangsbuchstaben des Namens **Ch-R-**istus.

13 Die während der Beräumung des Gewölbes geborgenen Knöpfe weisen in ihrem Aussehen ein Hexagramm mit einem Punkt in der Mitte auf. Bis dato ist ein Zusammenhang zwischen dem Zeichen in der Wandmalerei und den Knöpfen nicht nachgewiesen.

14 Antwortschreiben zu Aktenzeichen 344/31.

15 Robert Sandfort ist kein unbekannter Kirchenmaler, so war er laut Evangelischem Zentralarchiv in zahlreichen Kirchen in der Kurmark, Neumark, Niederlausitz und Berlin tätig.

16 Eine Anfrage beim Evangelischen Zentralarchiv in Berlin erbrachte leider keinen Hinweis auf die Tätigkeit Sandforts in der Alt Plachter Kirche, da die Akten im Kirchlichen Bauamt der Kirchenprovinz Brandenburg geführt wurden. Dort war die Recherche leider erfolglos.

17 Die Restaurierungsarbeiten mussten von Franz Brink, dem Rittergutsbesitzer auf Neu Placht zum Teil mitfinanziert werden. Seine Enkeltochter, Inge Trott, teilte mir in einem Schreiben vom 8.7.1992 mit, dass ihr „Großvater sich zunächst geweigert hat [die Renovierung zu bezahlen], da er katholisch sei". Franz Brink erwarb Neu Placht am 22.1.1925.
    In einem Schreiben der Preußischen Regierung, Abteilung für Kirchen- und Schulwesen vom 13.12.1928 heißt es: „Zur weiteren Verhandlung mit dem Privat-Patronat und auch für die dortigen Akten fügen wir zwei beglaubigte Abschriften des Kostenanschlages und der Kostenverteilung bei. Wir hoffen, daß das Privatpatronat sich nunmehr bereiterklärt, seinen Beitrag zu gewähren."

18 Eschatologie: Die Lehre von den letzten Dingen.

19 Die Kunstdenkmäler der Provinz Brandenburg 1937, S.47.

20 Wasser führende Vertiefungen in der norddeutschen Grundmoräne.

21 Heubner 2001, S.11.

22 Ein Rähm ist der waagerechte Teil des Dachstuhls.

23 Schreiben des Gemeindekirchenrates an das Evangelische Konsistorium Berlin-Brandenburg vom 31.1.1977.

24 Carsted 1983. Nach Enders 1992, S.614 kam es zu einer Welle von Glashüttengründungen in der Uckermark, so auch 1794 in Placht.

25 Einmachgläser.

26 Enders 1992, S.614.

27 Die Zeichnung wurde Becker 1992 entnommen.

28 Hier ist nicht klar, ob es sich um das Vorwerk Placht oder um das Dorf Placht handelt.

29 Hier widersprechen sich das *Historische Ortslexikon* und *Die Uckermark*, beide von Frau Enders herausgegeben. In *Die Uckermark*, S.591 heißt es: *Bauer Kersten zu Gandenitz war 1802 Pächter des Gutes Alt Placht.*

30 1808 erwarb Sigismund Gerlich das Gut Neu Placht und wurde 1814 in der Gruft von Alt Placht beigesetzt. Es wird vermutet, dass den Erben von Sigismund Gerlich im Jahr 1840 Alt Placht übergeben wurde.

31 Die hier genannte Jahreszahl wurde Enders 1986, S.760 entnommen, bei Fidicin 1864, S.158 wird das Jahr 1852 genannt. Differenzen bei den Jahresangaben dieser zwei Werke lassen sich häufiger feststellen.

Literaturverzeichnis

Becker, Eva: "Das Kirchlein im Grünen : Die Dorfkirche von Alt Placht", in: Archäologie in Berlin und Brandenburg, 1992, S. 103-105

Carstedt, Ernst: "Placht", in: Fachgruppe Natur und Heimat Lychens im Kulturbund der DDR 3 (1983), S. 177-181

Enders, Lieselott: Historisches Ortslexikon für Brandenburg : Uckermark, Bd. 8, Weimar: Böhlaus 1986

ders., Die Uckermark : Geschichte einer kurmärkischen Landschaft vom 12. bis zum 18. Jahrhundert, Weimar: Verlag Hermann Böhlaus Nachfolger Weimar 1992

Fidicin, Ernst: Die Territorien der Mark Brandenburg oder Geschichte der einzelnen Kreise, Städte, Rittergüter, Stiftungen und Dörfer in derselben, als Fortsetzung des Landbuchs Kaiser Karls IV., Bd. 4 = Schluß des Werkes, Berlin: im Selbstverlag des Autors 1864

Heubner, Günter: Die Dorfkirchen in der Uckermark im Altkreis Prenzlau, Milow: Schibri-Verlag 2000

Kortes, Alfred: "Das Kirchlein im Grünen", in: Templiner Kreiskalender, 1931, S. 80-81

Kunstdenkmäler der Provinz Brandenburg, Kreis Templin "Alt Placht", Berlin: Deutscher Kunstverlag 1937

Philipp, Hans: Die Geschichte der Stadt Templin, Templin: Kortes 1925

Provinz Brandenburg: Die Gemeinden und Gutsbezirke der Provinz Brandenburg und ihre Bevölkerung : nach den Urmaterialien der allgemeinen Volkszählung vom 1. December 1871. Bearbeitet und zusammengestellt vom Königlichen Statistischen Bureau, Berlin: Verlag des Königlichen Statistischen Bureaus (Dr. Engel) 1873

Schmidt, Rudolf: "Schwere Zeiten im Kreise Templin : Was eine Ortsrevision im Jahre 1687 ergab; Alt Placht, Berkholz, Bredereiche", in: Templiner Kreiskalender, 1941, S. 84-87

Schübler, Hans: Ortsakte Alt Placht, in: Archiv des Brandenburgischen Landesamt für Denkmalpflege und Archäologisches Landesmuseum (Wünsdorf), 1945

Strempel, Hans: Alt Placht : Aus der Chronik des Stadt-Archivars E. Fidicin, Berlin, herausgegeben 1864. - Ergänzt durch eigene Aufzeichnungen des Lehrers Riebi(u)sch, der von 1897-1904 1. Lehrer in Gandenitz war. - Entnommen der Gandenitzer Schulchronik in der der Lehrer Riebi(u)sch 1902 auch die umliegenden Ortschaften "abgelichtet" hat. Unveröffentlicht

Abbildungsverzeichnis